AF220091

Impressum
Verlag: BABADADA GmbH, Nedderfeld 112 , 22529 Hamburg
Geschäftsführer / Verlagsleitung: Harald Hof
Druck: Books on Demand GmbH, In de Tarpen 42, 22848 Norderstedt

Imprint
Publisher: BABADADA GmbH, Nedderfeld 112 , 22529 Hamburg, Germany
Managing Director / Publishing direction: Harald Hof
Print: Books on Demand GmbH, In de Tarpen 42, 22848 Norderstedt, Germany

la escuela

sekolah

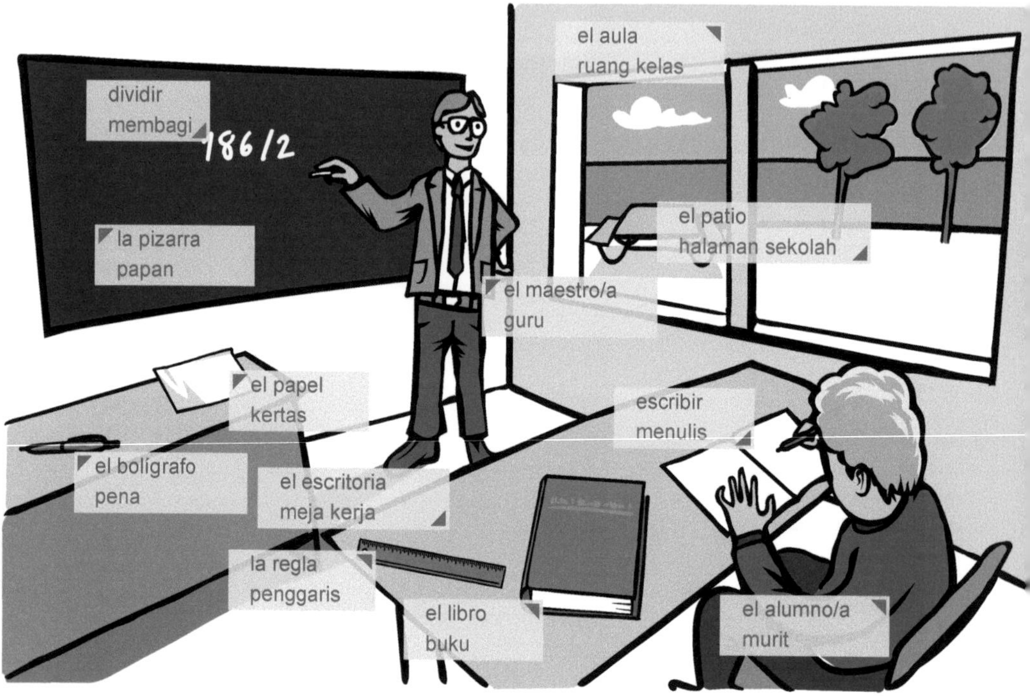
el aula
ruang kelas
dividir
membagi
186/2
la pizarra
papan
el patio
halaman sekolah
el maestro/a
guru
el papel
kertas
escribir
menulis
el bolígrafo
pena
el escritoria
meja kerja
la regla
penggaris
el libro
buku
el alumno/a
murit

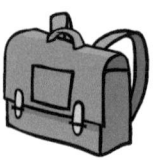

la cartera

tas sekolah

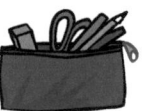

la caja de lápices

tempat pensil

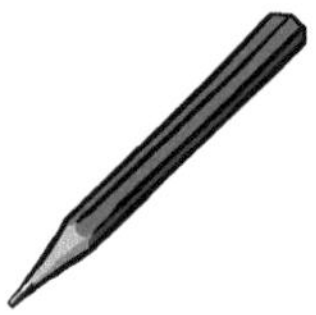

el lápiz

pensil

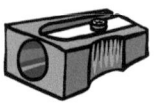

el sacapuntas

pengasah pensil

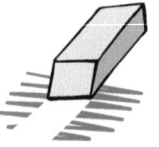

la goma de borrar

penghapus

el cuaderno de dibujo

kertas gambar

el dibujo

gambar

el pincel

kuas

la caja de pinturas

kotak cat

las tijeras

gunting

el pegamento

lem

el cuaderno de ejercicios

buku latihan

los deberes

pekerjaan rumah

el número

angka

2+2

sumar

tambhakan

5-2

restar

mengurangi

2×2

multiplicar

mengalikan

calcular

menghitung

A

la letra

huruf

ABCDEFG
HIJKLMN
OPQRSTU
VWXYZ

el alfabeto

alfabet

la palabra

kata

el texto
....
teks

leer
....
membaca

la tiza
....
kapur

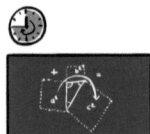

la lección
....
pelajaran

el cuaderno de notas
....
daftar

el examen
....
ujian

el certificado
....
sertifikat

el uniforme
....
seragam sekolah

la educación
....
pendidikan

la enciclopedia
....
ensiklopedi

la universidad
....
universitas

el microscopio
....
mikroskop

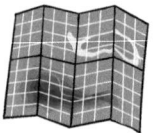

el mapa
....
peta

la papelera
....
tempat sampah

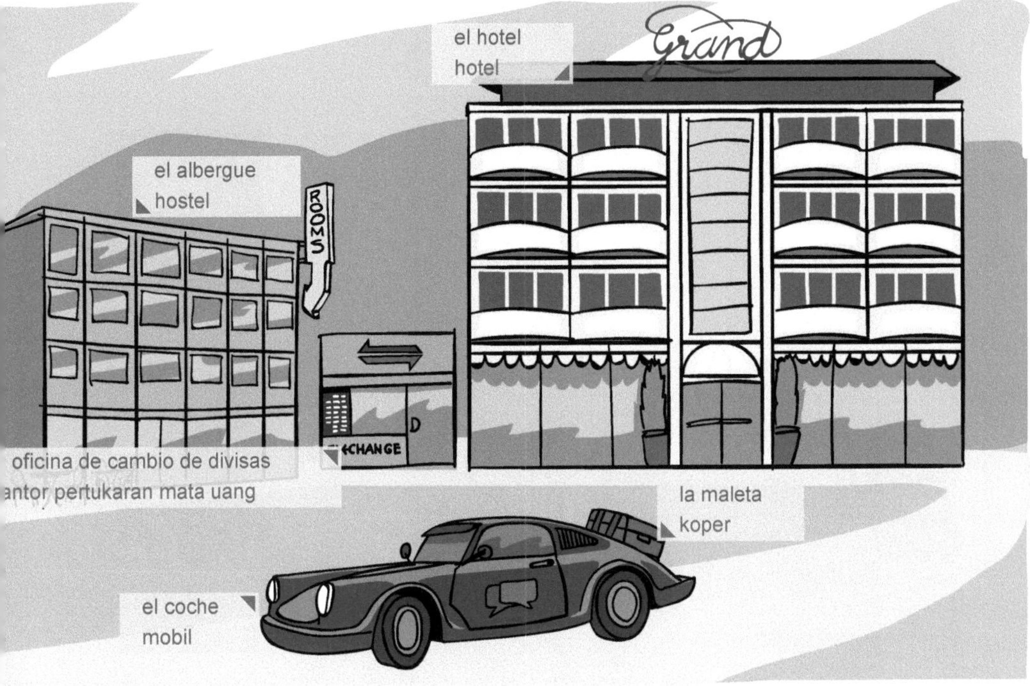

el hotel
hotel
Grand
el albergue
hostel
ROOMS
EXCHANGE
oficina de cambio de divisas
antor pertukaran mata uang
la maleta
koper
el coche
mobil

el idioma

bahasa

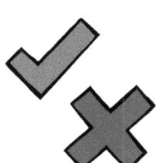

sí / no

ya / tidak

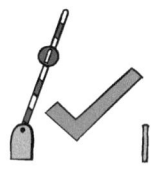

Vale

okay

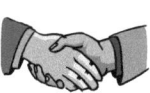

hola

hallo

el traductor

penerjemah

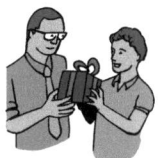

Gracias

terima kasih

¿cuánto es...?

Berapa harganya...?

No entiendo

saya tidak mengerti

el problema

masalah

¡Buenas tardes!

Selamat malam!

¡Buenos días!

Selamat siang!

¡Buenas noches!

Selamat tidur!

adiós

sampai jumpa

la dirección

arah

el equipaje

bagasi

la bolsa

tas

la mochila

ransel

el invitado

tamu

la habitación

ruang

el saco de dormir

kantong tidur

la tienda de campaña

tenda

la información turística

informasi wisata

la playa

pantai

la tarjeta de crédito

kartu kredit

el desayuno

sarapan

el almuerzo

makan siang

la cena

makan malam

el billete

tiket

el ascensor

elevator

el sello

perangko

la frontera

perbatasan

la aduana

cukai

la embajada

kedutaan

la visa

visa

el pasaporte

paspor

el transporte
transportasi

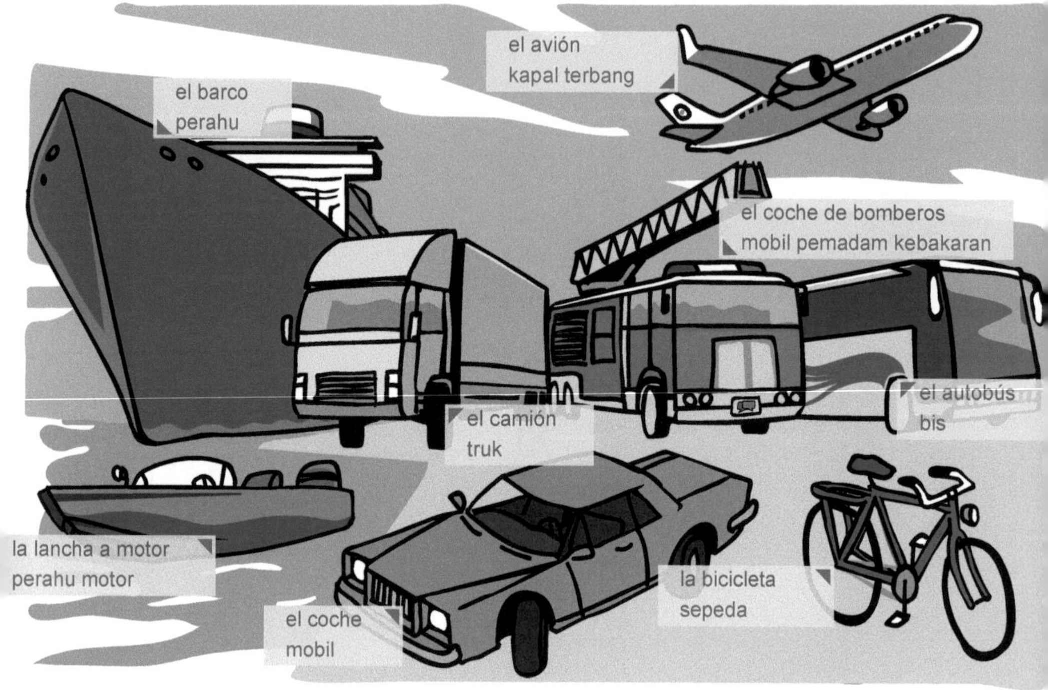
el avión
kapal terbang
el barco
perahu
el coche de bomberos
mobil pemadam kebakaran
el autobús
bis
el camión
truk
la lancha a motor
perahu motor
la bicicleta
sepeda
el coche
mobil

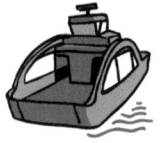

el transbordador

feri

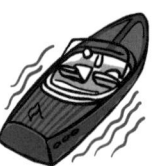

la barca

perahu

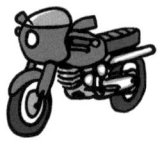

la moto

sepeda motor

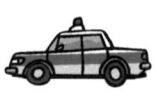

el coche de policía

mobil polisi

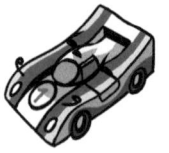

el coche de carreras

mobil balapan

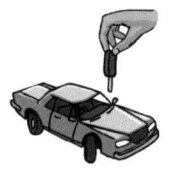

el coche de alquiler

mobil sewa

el préstamo de vehículos

berbagi mobil

la grúa

truk derek

el camión de la basura

truk sampah

el motor

motor

la gasolina

bahan bakar

la gasolinera

bensin

la señal de tráfico

tanda lalulintas

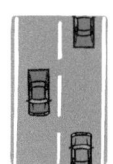

el tráfico

lalulintas

el atasco

macet

el aparcamiento

parkir mobil

la estación de tren

stasiun kereta

las vías

trek

el tren

kereta api

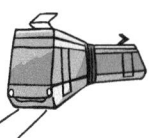

el tranvía

tram

el vagón

gerobak

el helicóptero

helikopter

el aeropuerto

bendara

la torre

menara

el pasajero

penumpang

el contenedor

container

la caja de cartón

karton

la carretilla

troli

la cesta

keranjang

despegar / aterrizar

berangkat / mendarat

la ciudad
kota

el pueblo

desa

el centro de la ciudad

pusat kota

la casa

rumah

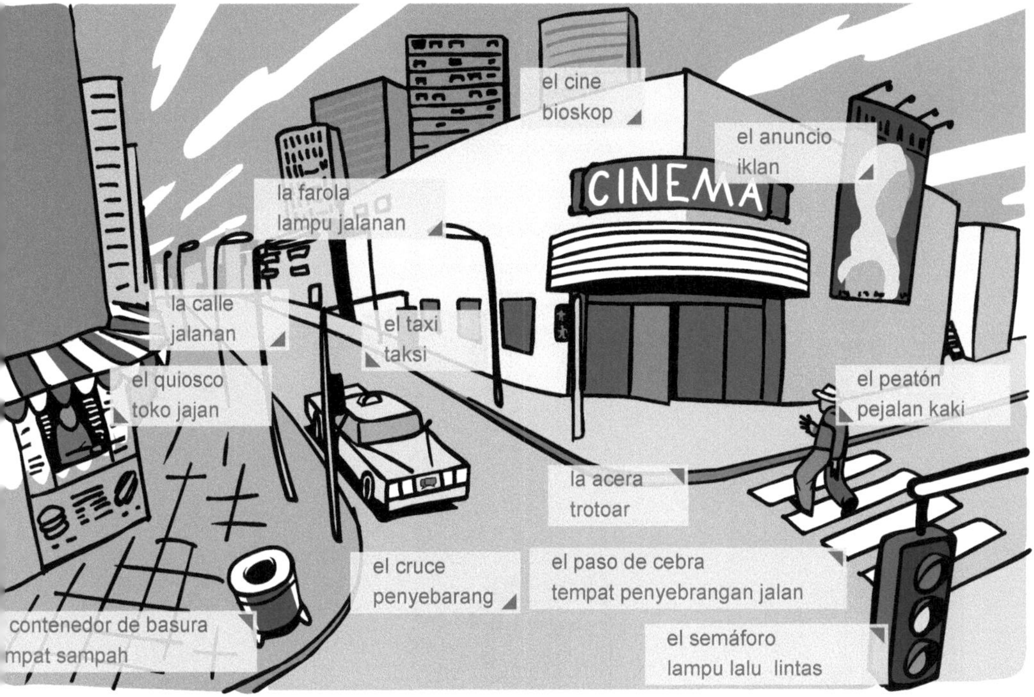
el cine
bioskop
el anuncio
iklan
CINEMA
la farola
lampu jalanan
la calle
jalanan
el taxi
taksi
el quiosco
toko jajan
el peatón
pejalan kaki
la acera
trotoar
el cruce
penyebarang
el paso de cebra
tempat penyebrangan jalan
contenedor de basura
mpat sampah
el semáforo
lampu lalu lintas

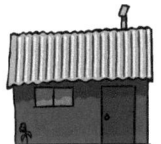

la cabaña

gubuk

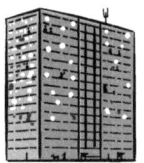

el apartamento

rumah flat

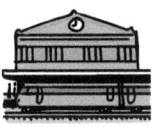

la estación de tren

stasiun kereta

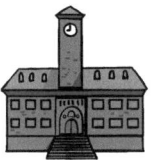

el ayuntamiento

balai kota

MUSEUM

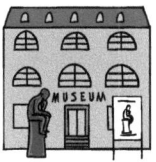

el museo

museum

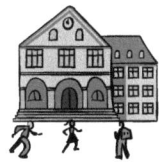

la escuela

sekolah

la universidad
universitas

el banco
bank

el hospital
rumah sakit

el hotel
hotel

la farmacia
farmasi

la oficina
kantor

la librería
toko buku

la tienda de campaña
toko

la floristería
toko bunga

el supermercado
supermarket

el mercado
pasar

los grandes almacenes
toko serba ada

la pescadería
nelayan

el centro comercial
pusat belanja

el puerto
pelabuhan

el parque

taman

el banco

banku

el puente

jembatan

las escaleras

tangga

el metro

kereta bawah tanah

el túnel

terowongan

la parada de autobús

pemberhantian bis

el bar

bar

el restaurante

restauran

el buzón

kotak surat

el poste indicador

tanda jalan

el parquímetro

meteran parkir

el zoo

kebun binatang

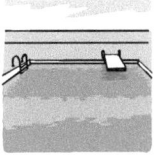

la piscina

kolam renang

la mezquita

mesjid

la granja

pertanian

la contaminación

polusi

el cementerio

kuburan

la iglesia

gereja

el patio de juego

tempat bermain

el templo

pura

el paisaje

pemandangan

la hoja
daun

la señal
penunjuk arah

el camino
jalanan

el prado
padang rumput

la piedra
batu

el excursionista
pejalak kaki

el árbol
pohon

el río
sungai

la hierba
rumput

la flor
bunga

el valle

lembah

la colina

bukit

el lago

danau

el bosque

hutan

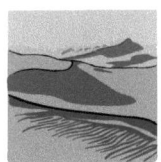

el desierto

padang gurun

el volcán

gunung berapi

el castillo

istana

el arcoíris

pelangi

el champiñón

jamur

la palmera

pohon palem

el mosquito

nyamuk

la mosca

lalat

la hormiga

semut

la abeja

lebah

la araña

laba-laba

el escarabajo

kumbang

la rana

kodok

la ardilla

tupai

el erizo

landak

la liebre

kelinci

la lechuza

burung hantu

el pájaro

burung

el cisne

angsa

el jabalí

babi jantan

el ciervo

rusa

el alce

rusa

la presa

bendungan

la turbina eólica

turbin angin

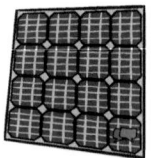

el panel solar

panel surya

el clima

iklim

el restaurante

restauran

el camarero
pelayan
el menú
daftar makanan
la silla
kursi
la sopa
sup
la pizza
pizza
la cubertería
peralatan makan
el mantel
taplak

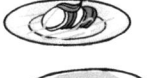

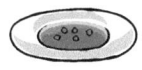

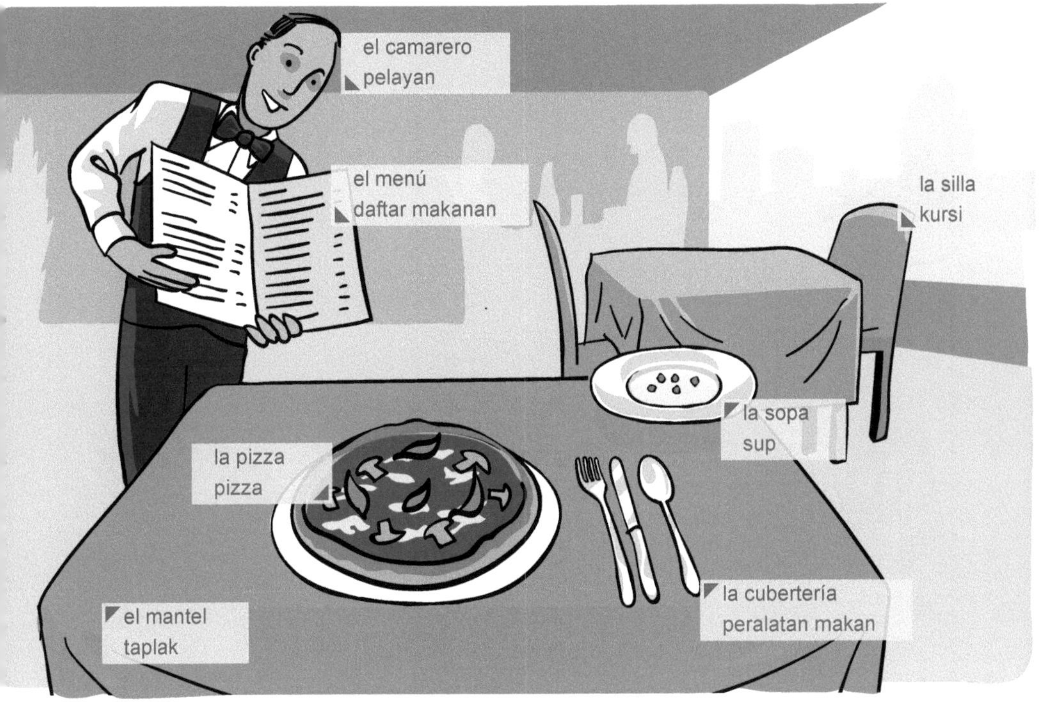

el primer plato

hindangan pembuka

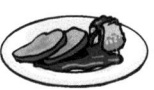

el plato principal

hidangan utama

el postre

hidangan penutup

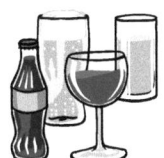

las bebidas

minuman

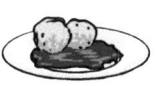

la comida

makanan

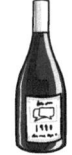

la botella

botol

la comida rápida

fastfood

la comida callejera

masakan jalanan

la tetera

teko teh

el azucarero

kaleng gula

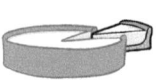

la porción

porsi

la cafetera expreso

mesin espresso

la trona

kursi tinggi

la cuenta

tagihan

la bandeja

baki

el cuchillo

pisau

el tenedor

garpu

la cuchara

sendok

la cucharilla

sendok teh

la servilleta

serbet

el vaso

gelas

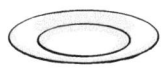

el plato
....
piring

el plato hondo
....
piring sup

el platillo
....
lepek

la salsa
....
saus

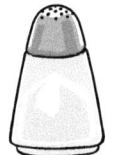

el salero
....
tempat garam

el molinillo de pimienta
....
gilingan merica

el vinagre
....
cuka

el aceite
....
minyak

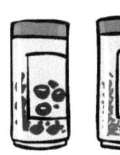

las especias
....
bumbu

el ketchup
....
saus tomat

la mostaza
....
mustar

la mayonesa
....
mayones

el supermercado
supermarket

la oferta especial
penawaran khusus
FOR
el cliente
klien
los lácteos
produk susu
la fruta
buah
el carro de compra
troli

BUTCHERS

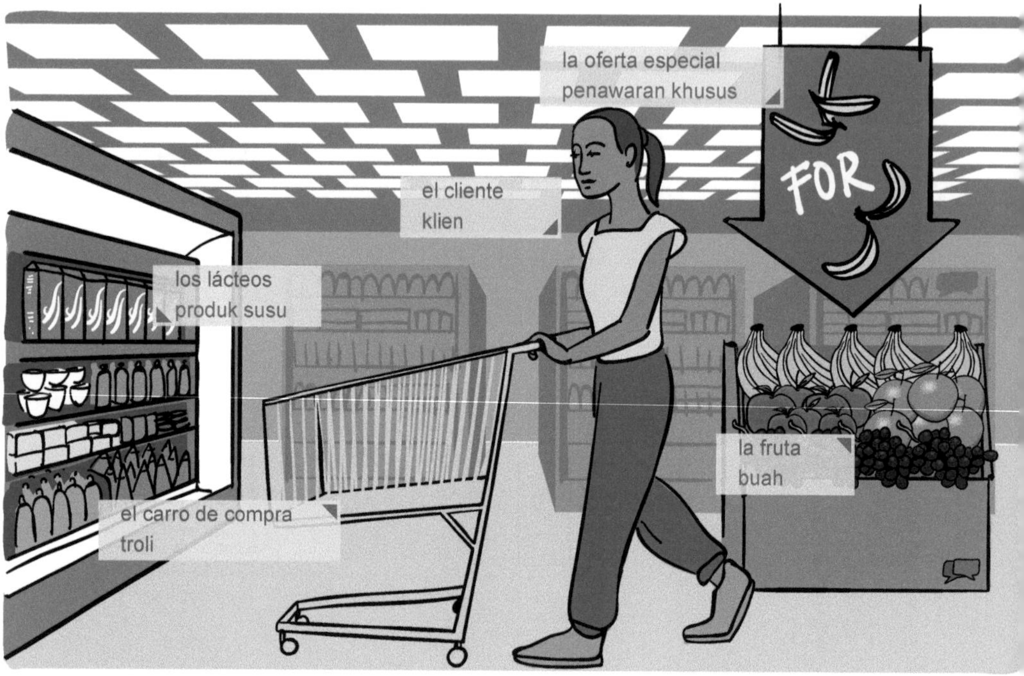

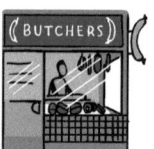

la carniceria
pembantai

BAKERY

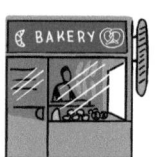

la panadería
toko roti

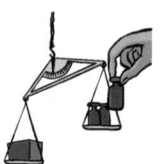

pesar
menimbang

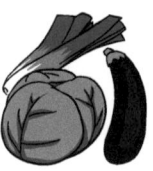

las verduras
sayur

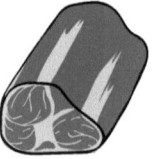

la carne
daging

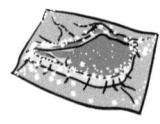

los alimentos congelados
makanan beku

los fiambres

pemotongan dingin

las conservas

makanan kaleng

el detergente en polvo

sabun serbuk

los dulces

permen

productos de uso doméstico

alat-alat rumah tangga

productos de limpieza

obat pembersihan

la vendedora

penjual

la caja de cartón

kasa

el cajero

kasir

la lista de la compra

daftar belanja

el horario de atención al público

jam buka

la cartera

dompet

la tarjeta de crédito

kartu kredit

la bolsa de plástico

tas

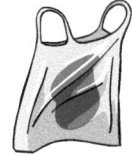

la bolsa de plástico

kantong plastik

el agua

air

el zumo

jus

la leche

susu

la cola

cola

el vino

anggur

la cerveza

bir

el alcohol

alkohol

el cacao

coklat

el té

teh

el café

kopi

el expreso

espresso

el capuchino

cappucino

el plátano

pisang

la manzana

apel

la naranja

jeruk

el melón

semangka

el limón

jeruk lemon

la zanahoria

wortel

el ajo

bawang putih

el bambú

bambu

la cebolla

bawang bombai

el champiñón

jamur

las avellanas

kacang

los fideos

mi

las espagueti

spagetti

el arroz

nasi

la ensalada

salat

las patatas fritas

kentang goreng

las patatas fritas

kentang goreng

la pizza

pizza

la hamburguesa

hamburger

el sándwich

sandwich

el filete

sayatan

el jamón

ham

le salami

salami

la salchicha

sosis

el pollo

ayam

el asado

menggoreng

el pescado

ikan

los copos de avena

bubur gandum

el muesli

sereal

los copos de maíz

cornflakes

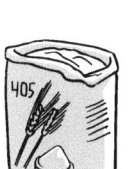

la harina

tepung

el cruasán

croissant

el panecillo

roti

el pan

roti

la tostada

toast

las galletas

biskuit

la mantequilla

mentega

la cuajada

dadih

el pastel

kue

el huevo

telur

el huevo frito

telur goreng

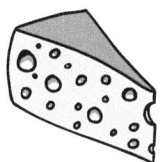

el queso

keju

el helado

eskrim

el azúcar

gula

la miel

madu

la mermelada

selai

la crema de turrón

krim nugat

el curry

kare

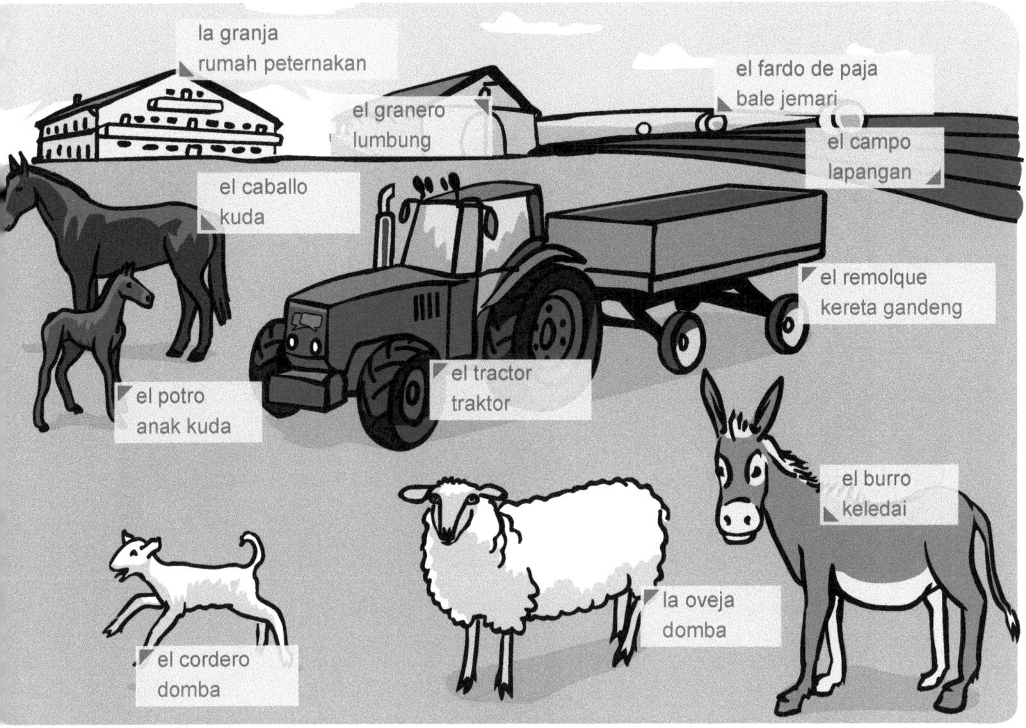

la granja
rumah peternakan

el fardo de paja
bale jemari

el granero
lumbung

el campo
lapangan

el caballo
kuda

el remolque
kereta gandeng

el potro
anak kuda

el tractor
traktor

el burro
keledai

la oveja
domba

el cordero
domba

la cabra
kambing

la vaca
sapi

el ternero
betis

el cerdo
babi

el cerdito
celeng

el toro
banteng

el ganso

angsa

el pato

bebek

el pollo

anak ayam

la gallina

ayam

el gallo

ayam jantan

la rata

tikus

el gato

kucing

el ratón

tikus

el buey

lembu

el perro

anjing

la perrera

rumah anjing

la manguera

selang

la regadera

penyiram

la guadaña

sabit

el arado

bajak

la hoz

sabit

la azada

cangkul

la horca

garpu rumput

el hacha

kapak

la carretilla

gerobak

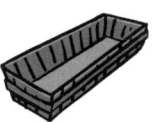

el abrevadero

palung

la lechera

kaleng susu

el saco

karung

la valla

pagar

el establo

kandang

el invernadero

rumah kaca

el suelo

tanah

la semilla

benih

el fertilizador

pupuk

la cosechadora

mesin pemanen

cosechar

panen

la cosecha

panen

el ñame

yams

el trigo

gandum

el soja

kedelai

la patata

kentang

el maíz

jagung

la semilla de colza

lobak

el árbol frutal

pohon buah

la mandioca

singkong

las cereales

sereal

la casa
rumah

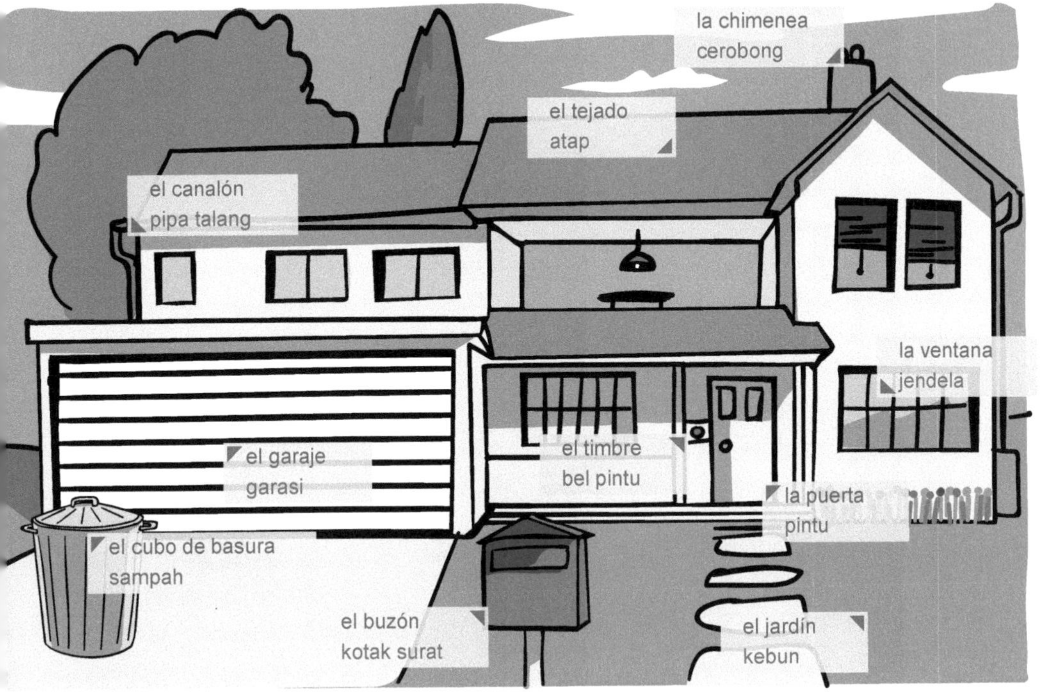

la chimenea
cerobong
el tejado
atap
el canalón
pipa talang
la ventana
jendela
el garaje
garasi
el timbre
bel pintu
la puerta
pintu
el cubo de basura
sampah
el buzón
kotak surat
el jardín
kebun

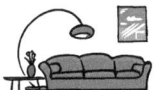

la sala
....
ruang tamu

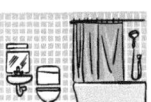

el cuarto de baño
....
kamar mandi

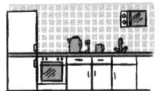

la cocina
....
dapur

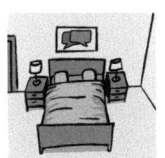

el dormitorio
....
kamar tidur

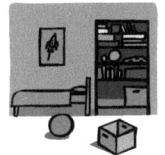

la habitación de los niños
....
kamar anak

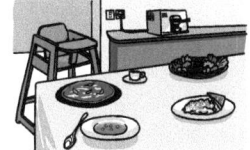

el comedor
....
kamar makan

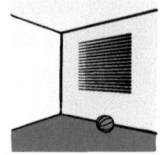

el suelo

lantai

la pared

tembok

el techo

atap

el sótano

gudang di bawah tanah

la sauna

sauna

el balcón

balkon

la terraza

teras

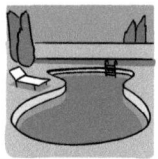

la piscina

kolam renang

el cortacésped

mesin pemotong rumput

la sábana

sprei

la colcha

selimut

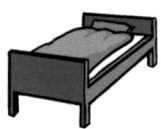

la cama

tempat tidur

la escoba

sapu

el balde

ember

el interruptor

tombol

la sala
ruang tamu

el papel pintado
kertas dinding
la imagen
gambar
la lámpara
lampu
el estante
rak
el armario
kabinet
la televisión
televisi
la chimenea
perapian
la flor
bunga
el cojín
bantal
el sofá
sofa
el jarrón
vas
el mando a distancia
remote control

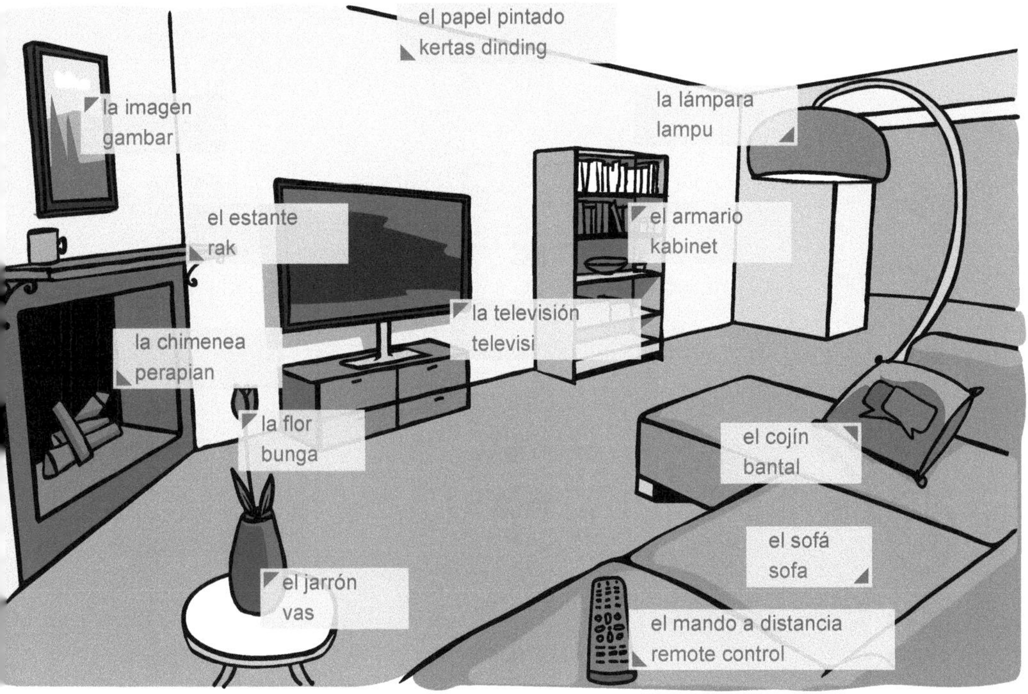

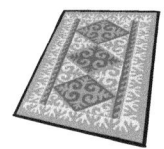

la alfombra

karpet

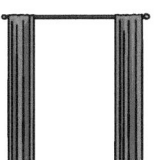

la cortina

korden

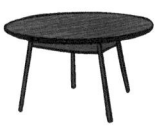

la mesa

meja

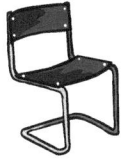

la silla

kursi

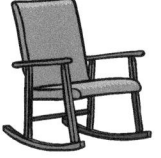

el mecedora

kursi goyang

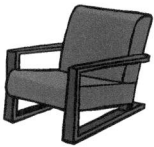

la butaca

kursi malas

el libro

buku

la manta

selimut

la decoración

dekorasi

la leña

kayu bakar

la película

filem

el equipo de música

hi-fi

la llave

kunci

el periódico

koran

la pintura

lukisan

el póster

poster

la radio

radio

el cuaderno

buku tulis

la aspiradora

penyedot debu

el cactus

kaktus

la vela

lilin

la cocina

dapur

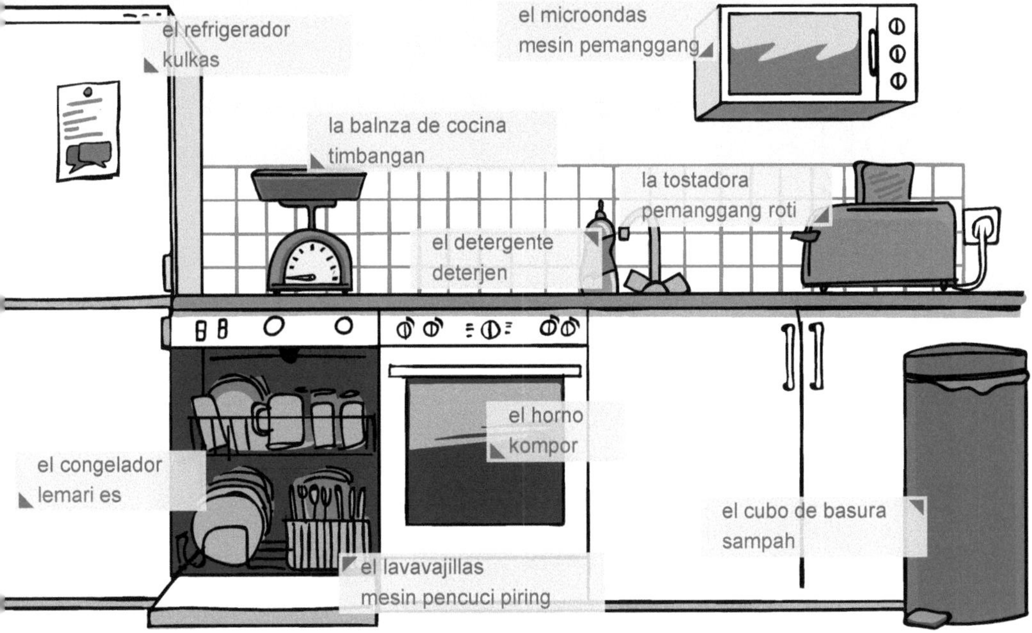

el refrigerador
kulkas
el microondas
mesin pemanggang
la balnza de cocina
timbangan
la tostadora
pemanggang roti
el detergente
deterjen
el horno
kompor
el congelador
lemari es
el cubo de basura
sampah
el lavavajillas
mesin pencuci piring

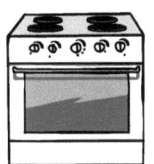

la olla a presión

kompor

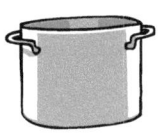

la olla

panci

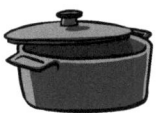

la olla de hierro fundido

panci besi

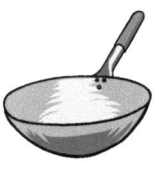

el wok

wajan

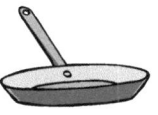

la cazuela

panci

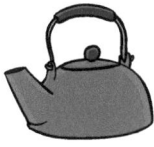

el hervidor

pemanas air

la vaporera

panci pengukus makanan

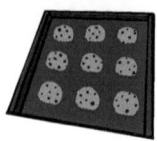

la chapa de horno

nampan

la vajilla

piring

la taza

cangkir

el tazón

mangkok

los palillos

sumpit

el cucharón

sendok sup

la espumadera

sudip

el batidor

mengocok

el colador

saringan

el cedazo

saringan

el rallador

parutan

el mortero

mortir

la barbacoa

barbeque

la hoguera

api terbuka

la tabla de picar

papan memotong

el rodillo

gilingan

el sacacorchos

alat pembuka botol

la lata

kaleng

el abrelatas

pembuka kaleng

el agarrador

pegangan panci

el lavabo

wastafel

el cepillo

sikat

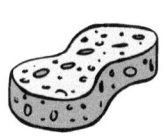

la esponja

busa

la batidora

mesin pencampur

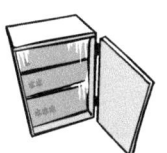

el congelador

lemari es

el biberón

botol bayi

el grifo

keran

el cuarto de baño
kamar mandi

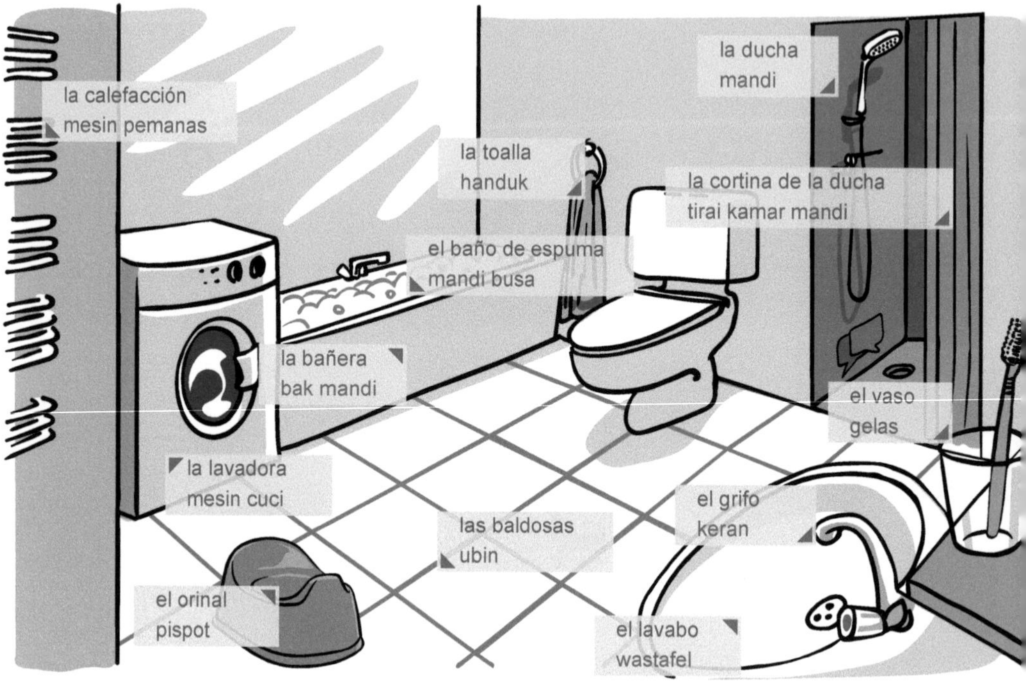

la ducha
mandi

la calefacción
mesin pemanas

la toalla
handuk

la cortina de la ducha
tirai kamar mandi

el baño de espuma
mandi busa

la bañera
bak mandi

el vaso
gelas

la lavadora
mesin cuci

el grifo
keran

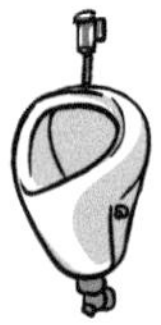

las baldosas
ubin

el orinal
pispot

el lavabo
wastafel

el inodoro	el inodoro rústico	el bidé
toilet	toilet jongkok	bidet
el urinario	el papel higiénico	la escobilla del váter
pissoir	kertas toilet	sikat toilet

el cepillo de dientes

sikat gigi

la pasta de dientes

pasta gigi

el hilo dental

benang gigi

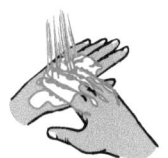

lavar

menyuci

la ducha de mano

pancuran tangan

la ducha íntima

pancuran

la pila

bak

el cepillo de espalda

sikat punggung

el jabón

sabun

el gel de ducha

gel mandi

el champú

sampo

la toallita

planel

el desagüe

kuras

la crema

krim

el desodorante

deodoran

el espejo

kaca

el espejo de tocador

cermin tangan

la maquinilla de afeitar

pisau cukur

la espuma de afeitar

busa cukur

la loción postafeitado

aftershave

el peine

sisir

el cepillo

sikat

el secador

alat pengering rambut

la laca

semprot rambut

el maquillaje

makeup

el pintalabios

lipstik

el pintauñas

cat kuku

el algodón

kapas

el cortauñas

gunting kuku

el perfume

minyak wangi

el estuche de viaje

kantong pencuci

la banqueta

bangku

la balanza

timbangan

el albornoz

mantel mandi

los guantes de goma

sarung tangan karet

el tampón

tampon

la compresa

handuk pembalut

el inodoro químico

toilet kimia

la habitación de los niños
kamar anak

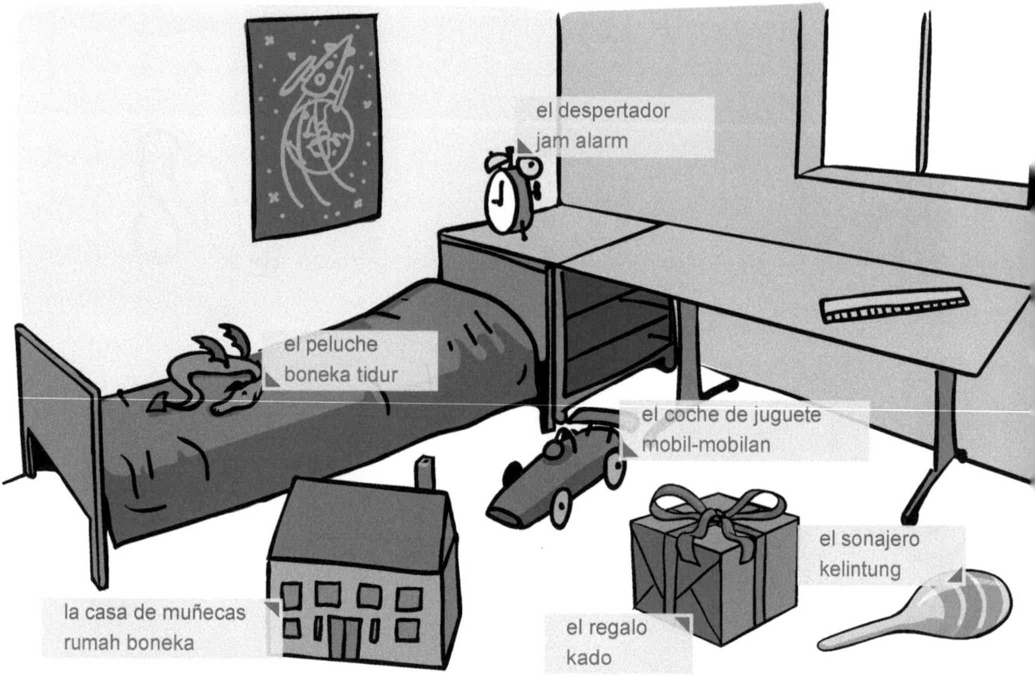

el despertador
jam alarm
el peluche
boneka tidur
el coche de juguete
mobil-mobilan
el sonajero
kelintung
la casa de muñecas
rumah boneka
el regalo
kado

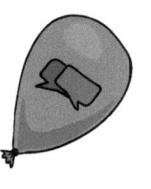

el globo
balon

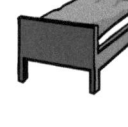

la cama
tempat tidur

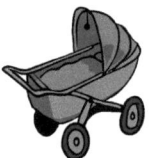

el coche de niño
kereta bayi

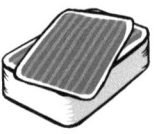

los naipes
mainan kartu

el puzle
teka-teki

SUPER MEGA

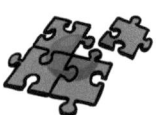

el tebeo
komik

las piezas de lego

mainan lego

los bloques de juguete

blok mainan

la figura de acción

figur aksi

el bodi (de bebé)

baju monyet

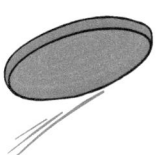

el frisbee

frisbee

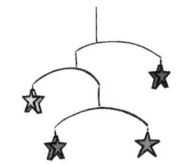

el colgador móvil para bebés

mobile

el juego de mesa

permainan papan

los dados

dadu

el circuito de tren eléctrico

set model kreta api

el maniquí

dot

la fiesta

pesta

el álbum de fotos

buku gambar

la pelota

bola

la muñeca

boneka

jugar

bermain

el cajón de arena

tempat main pasir

el columpio

ayunan

los juguetes

mainan

la videoconsola

video game konsol

el triciclo

sepeda roda tiga

el oso de peluche

teddy

la guardarropa

lemari pakaian

la ropa

pakaian

los calcetines

kaos kaki

las medias

kaos kaki

los leotardos

baju ketat

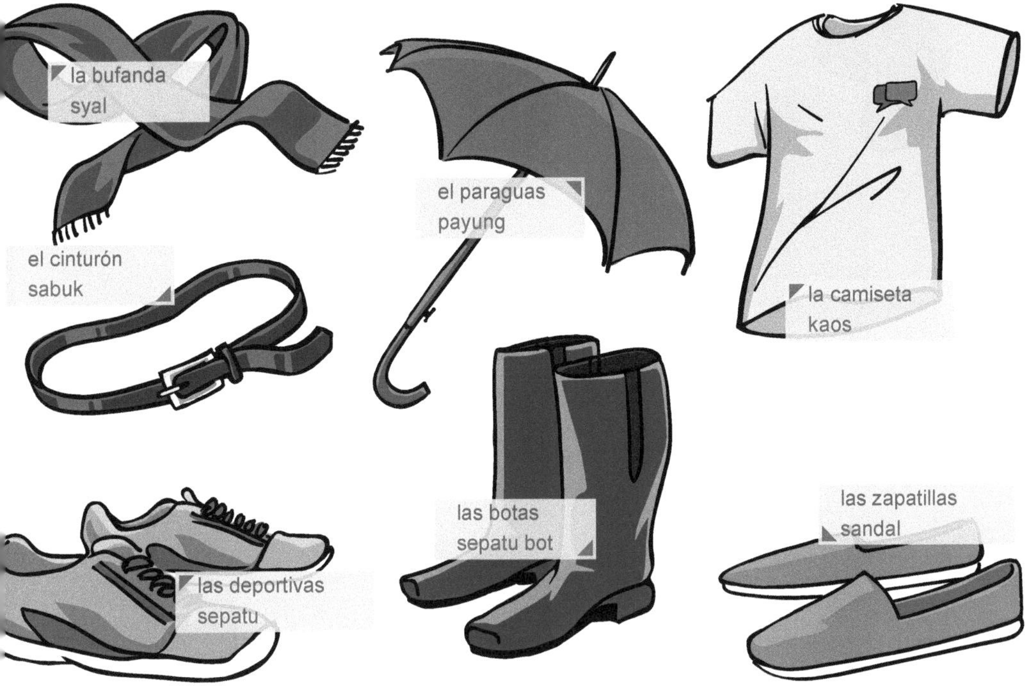

la bufanda
syal

el paraguas
payung

el cinturón
sabuk

la camiseta
kaos

las deportivas
sepatu

las botas
sepatu bot

las zapatillas
sandal

las sandalias
sandal

los zapatos
sepatu

las botas de goma
sepatu bot karet

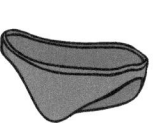

el slip
celana dalam

el sostén
BH

el chaleco
baju rompi

el bodi

body

los pantalones cortos

celana

los vaqueros

jeans

la falda

rok

la blusa

blus

la camisa

kemeja

el jersey

aket berkerudung

el suéter

sweater

el blazer

jaket

la chaqueta

jaket

el abrigo

mantel

la gabardina

jas hujan

el traje

kostum

el vestido

gaun

el vestido de novia

gaun pengantin

el traje

setelan resmi

el camisón

gaun tidur

el pijama

piyama

el sati

sari

el bandana

jilbab

el turbante

turban

la burka

burka

el caftán

kaftan

la abaya

abaya

el traje de baño

pakaian renang

el bañador

celana renang

los pantalones cortos

celana pendek

el chándal

olah raga

el delantal

celemek

los guantes

sarung tangan

el botón

kancing

las gafas

kacamata

el brazalete

gelang

el collar

kalung

el anillo

cincin

el pendiente

anting

la gorra

topi

la percha

gantungan mantel

el sombrero

topi

la corbata

dasi

la cremallera

ritsleting

el casco

helm

los tirantes

tali selempang

el uniforme

seragam sekolah

el uniforme

seragam

el babero
....
oto

el maniquí
....
dot

el pañal
....
popok

la oficina
kantor

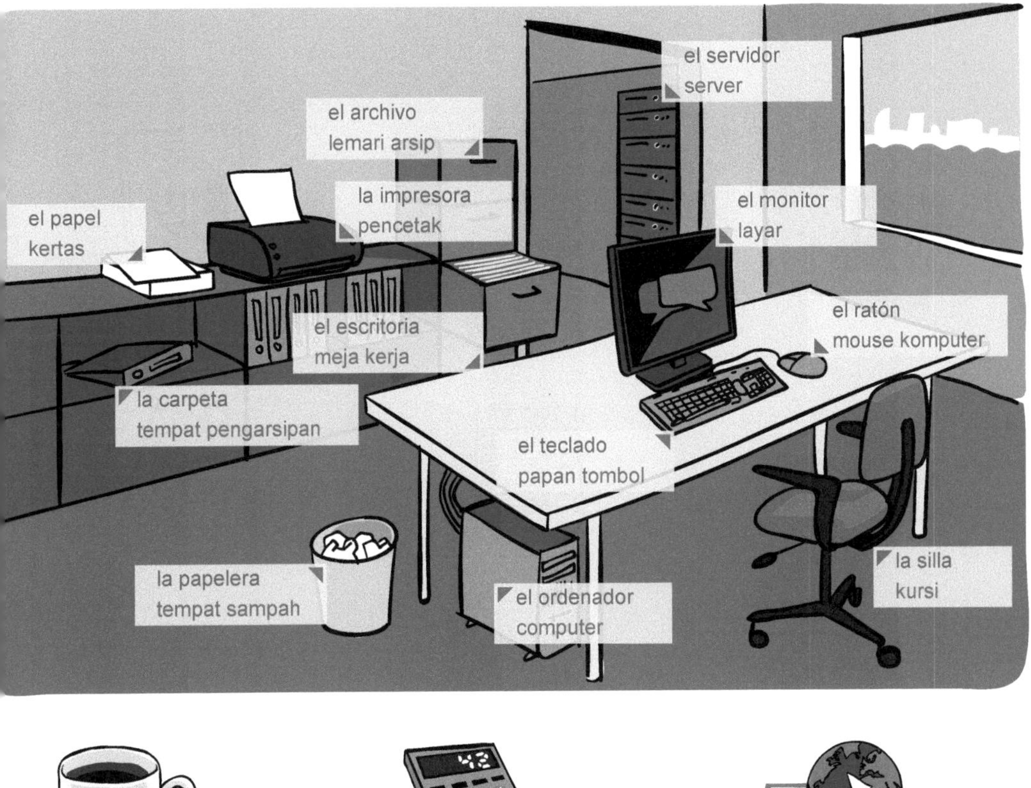

el servidor
server

el archivo
lemari arsip

la impresora
pencetak

el monitor
layar

el papel
kertas

el escritoria
meja kerja

el ratón
mouse komputer

la carpeta
tempat pengarsipan

el teclado
papan tombol

la papelera
tempat sampah

el ordenador
computer

la silla
kursi

la taza de café
....
cangkir kopi

la calculadora
....
kalkulator

el internet
....
internet

el portátil

laptop

la carta

surat

el mensaje

pesan

el móvil

telepon seluler

la red

jaringan

la fotocopiadora

fotokopi

el software

software

el teléfono

telepon

la toma de corriente

plug soket

el fax

mesin fax

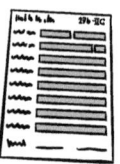

el formulario

formulir

el documento

dokumen

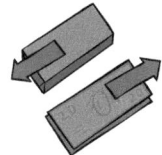

comprar

membeli

pagar

membayar

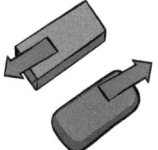

comerciar

berdagang

el dinero

uang

 **USD**

el dólar

Dollar

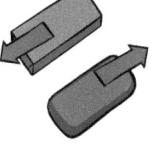 **EUR**

el euro

Euro

 **JPY**

el yen

Yen

 **RUB**

el rublo

Rubel

 **CHF**

el franco suizo

Franc Swiss

 **CNY**

el renminbi yuan

Renminbi Yuan

 **INR**

la rupia

Rupiah

el cajero automático

ATM

la oficina de cambio de divisas
....
kantor pertukaran mata uang

el oro
....
emas

la plata
....
perak

el petróleo
....
minyak

la energía
....
energi

el precio
....
harga

el contrato
....
kontrak

el impuesto
....
pajak

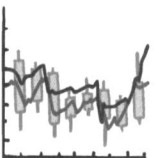

la acción
....
saham

trabajar
....
bekerja

el empleador
....
karyawan

el empleador
....
majikan

la fábrica
....
pabrik

la tienda de campaña
....
toko

los oficios
pekerjaan

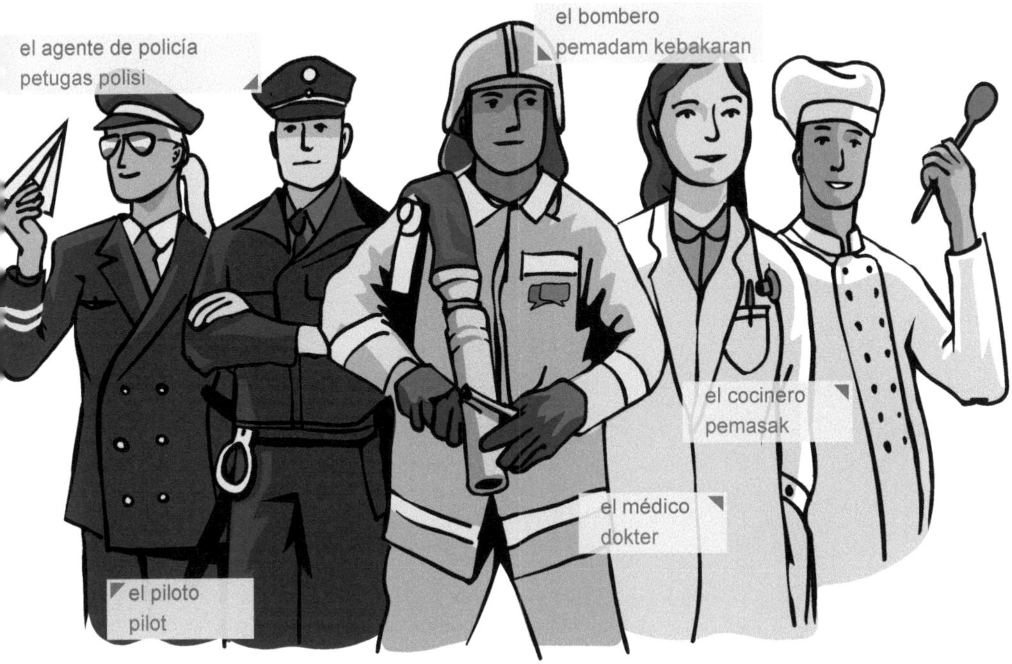

el agente de policía
petugas polisi
el bombero
pemadam kebakaran
el cocinero
pemasak
el médico
dokter
el piloto
pilot

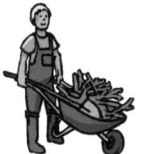

el jardinero

tukan kebun

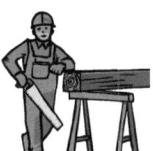

el carpintero

tukang kayu

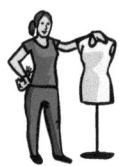

la costurera

penjahit wanita

el juez

hakim

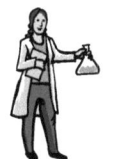

el farmacéutico

ahli kimia

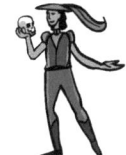

el actor

aktor

el conductor de autobús

sopir bis

el taxista

sopir taksi

el pescador

nelayan

la señora de la limpieza

pembantu

el techador

tukang atap

el camarero

pelayan

el cazador

pemburu

el pintor

pelukis

el panadero

tukang roti

el electricista

tukang listrik

el obrero

pembangun

el ingeniero

insinyur

el carnicero

tukang daging

el fontanero

tukang ledeng

el cartero

tukang pos

el soldado
tentara

el arquitecto
arsitek

el cajero
kasir

el florista
penjual bunga

el peluquero
penata rambut

el revisor
konduktor

el mecánico
montir

el capitán
kapten

el dentista
dokter gigi

el científico
ilmuwan

el rabino
rabbi

el imán
imam

el monje
biarawan

el sacerdote
pendeta

las herramientas
alat

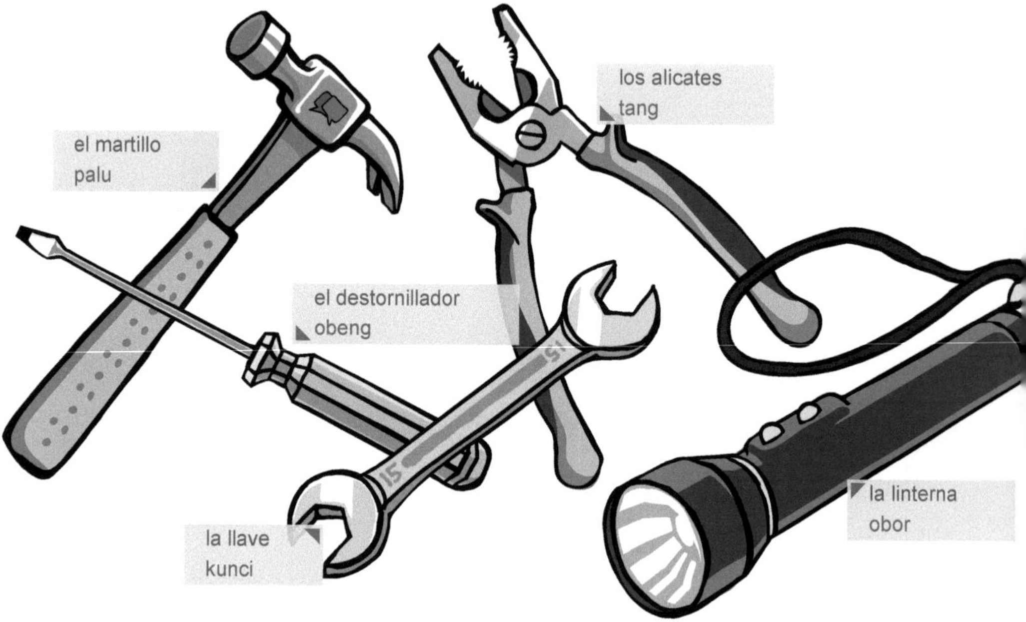

el martillo
palu
los alicates
tang
el destornillador
obeng
la llave
kunci
la linterna
obor

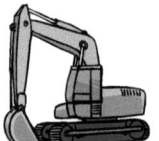

la excavadora
penggali

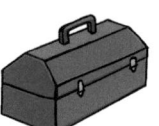

la caja de herramientas
tas perkakas

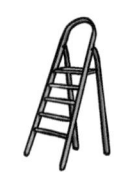

la escalera de mano
tangga

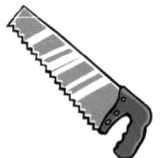

la sierra
gergaji

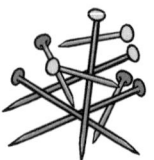

los clavos
paku

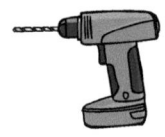

el taladro
bor

reparar
perbaikan

la pala
sekop

¡Maldita sea!
Sialan!

el recogedor
cikrak

el bote de pintura
pot cat

los tornillos
sekrup

los instrumentos musicales
alat musik

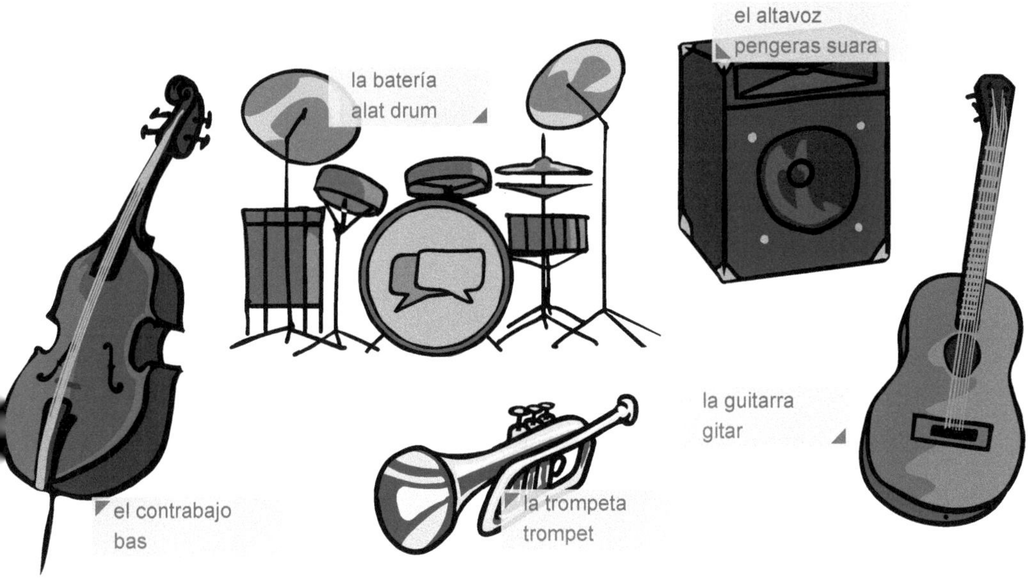

el altavoz
pengeras suara

la batería
alat drum

la guitarra
gitar

el contrabajo
bas

la trompeta
trompet

el piano

piano

el violín

violin

bajo

bass

los timbales

tambur

el tambor

drum

el teclado

keyboard

el saxofón

saksofon

la flauta

suling

el micrófono

mikrofon

el zoo
kebun binatang

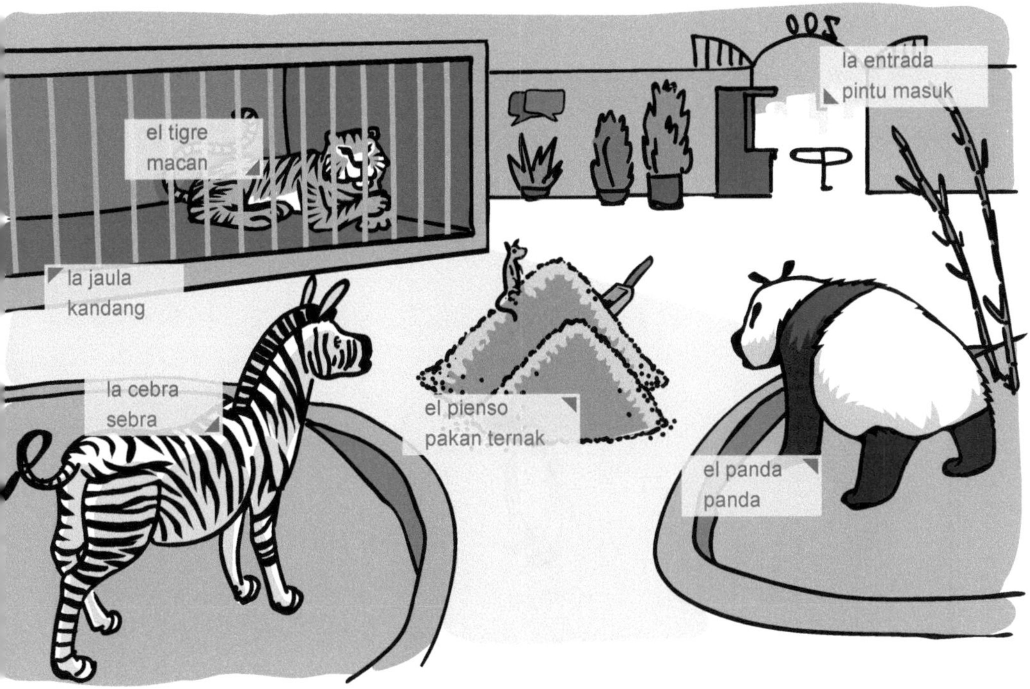

la entrada
pintu masuk
el tigre
macan
la jaula
kandang
la cebra
sebra
el pienso
pakan ternak
el panda
panda

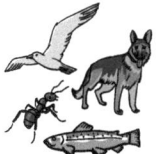

los animales
hewan

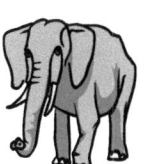

el elefante
gajah

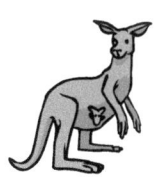

el canguro
kanguru

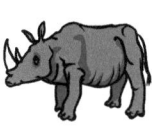

el rinoceronte
badak

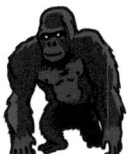

el gorila
gorila

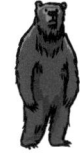

el oso
beruang

el camello

unta

el avestruz

burung unta

el león

singa

el mono

monyet

el flamingo

flamingo

el loro

burung beo

el oso polar

beruang polar

el pingüino

penguin

el tiburón

hiu

el pavo real

merak

la serpiente

ular

el cocodrilo

buaya

el guardián de zoológico

penjaga kebun binatang

la foca

segel

el jaguar

jaguar

el poni

kuda poni

el leopardo

macan tutul

el hipopótamo

kuda nil

la jirafa

jerapah

el águila

burung elang

el jabalí

babi jantan

el pescado

ikan

la tortuga

kura-kura

la morsa

anjing laut

el zorro

rubah

la gacela

kijang

el fútbol americano
american football

el ciclismo
naik sepeda

el tenis
tennis

el baloncesto
basketbal

la natación
bernang

el hockey sobre hielo
hoki es

el boxeo
tinju

el fútbol
sepak bola

el bádminton
badminton

el atletismo
atletik

el balonmano
bola tangan

el esquí
main ski

el polo
polo

las actividades
aktivitas

saltar
meloncat
abrazar
memeluk
reír
ketawa
caminar
berjalan
cantar
menyanyi
soñar
mengimpi
rezar
berdoa
besar
mencium

A

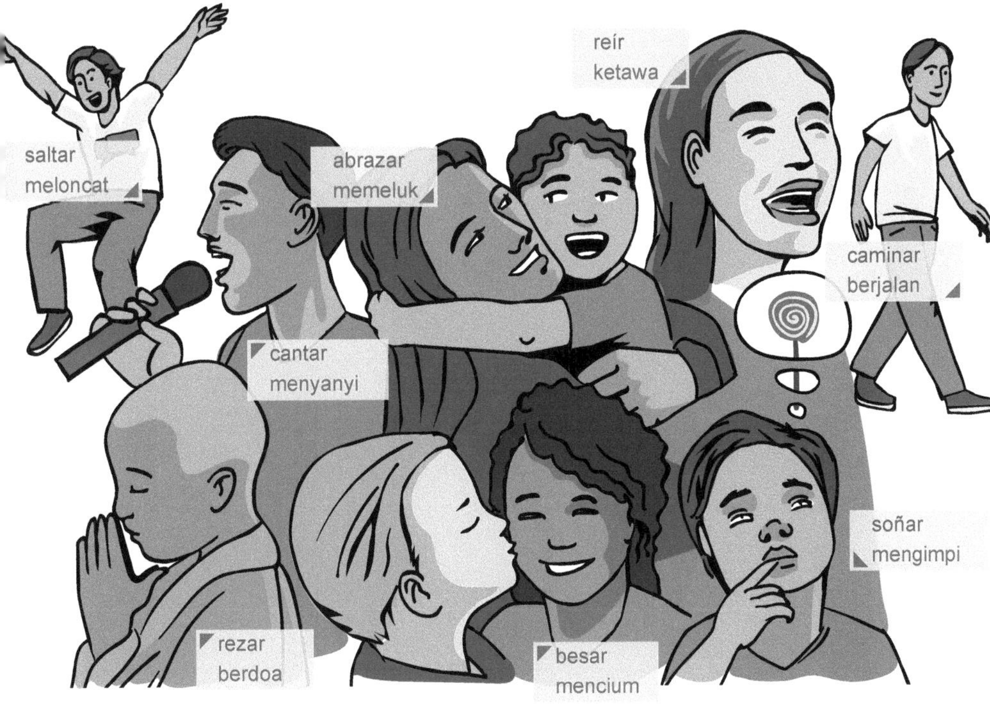

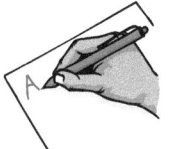

escribir
menulis

dibujar
melukis

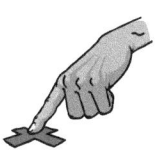

mostrar
menunjuk

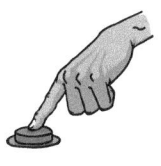

empujar
mendorong

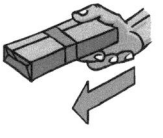

dar
memberikan

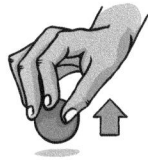

tomar
mengambil

tener

mempunyai

hacer

melakukan

ser

adalah

estar de pie

berdiri

correr

berlari

tirar

menarik

tirar

melempar

caer

jatuh

yacer

tidur

esperar

menunggu

llevar

membawa

estar sentado

duduk

vestirse

berpakaian

dormir

tidur

despertar

bangun

mirar

melihat

llorar

menangis

acariciar

mengelus

peinar

menyisir

hablar

berbicara

entender

mengerti

preguntar

menanyak

escuchar

mendengar

beber

minum

comer

makan

ordenar

merapikan

amar

cinta

cocinar

memasak

conducir

menyetir

volar

terbang

navegar

berlayar

calcular

menghitung

leer

membaca

aprender

belajar

trabajar

bekerja

casarse

menikah

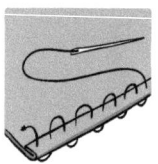

coser

menjahit

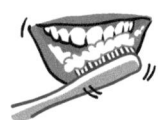

cepillarse los dientes

sikat gigi

matar

membunuh

fumar

merokok

enviar

kirim

la familia
keluarga

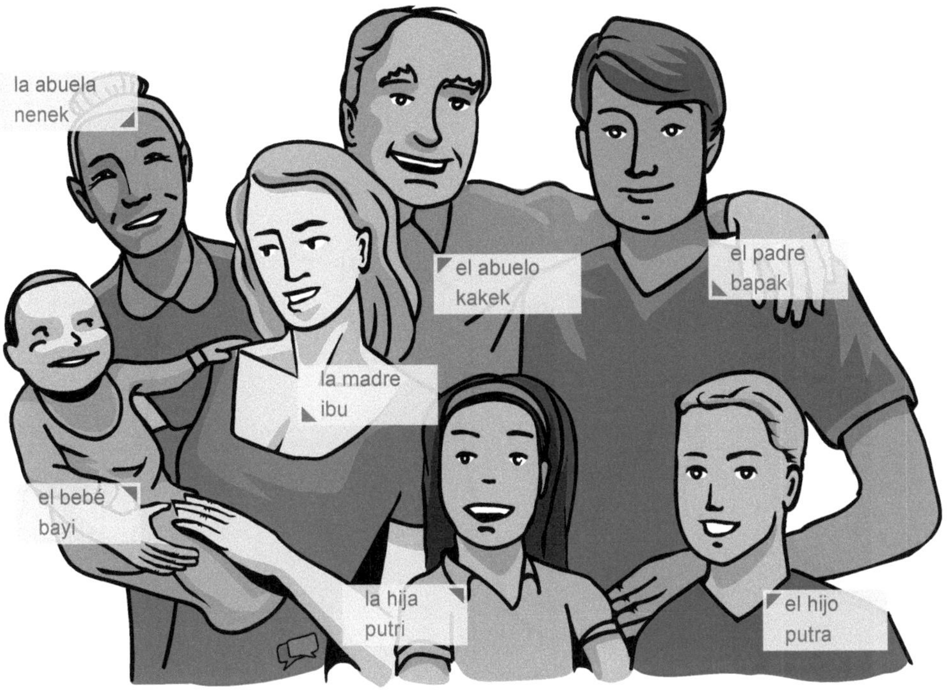

la abuela
nenek
el abuelo
kakek
el padre
bapak
la madre
ibu
el bebé
bayi
la hija
putri
el hijo
putra

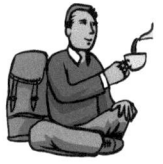

el invitado
tamu

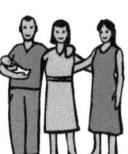

la tía
bibi

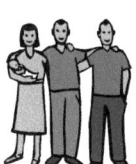

el tío
paman

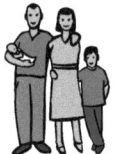

el hermano
kakak laki

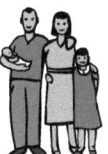

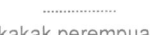

la hermana
kakak perempuan

el cuerpo
badan

la frente
dahi
el ojo
mata
el hombro
bahu
el dedo
jari
la cara
muka
la barbilla
dagu
la mano
tangan
la pierna
kaki
el pecho
payudara
el brazo
lengan

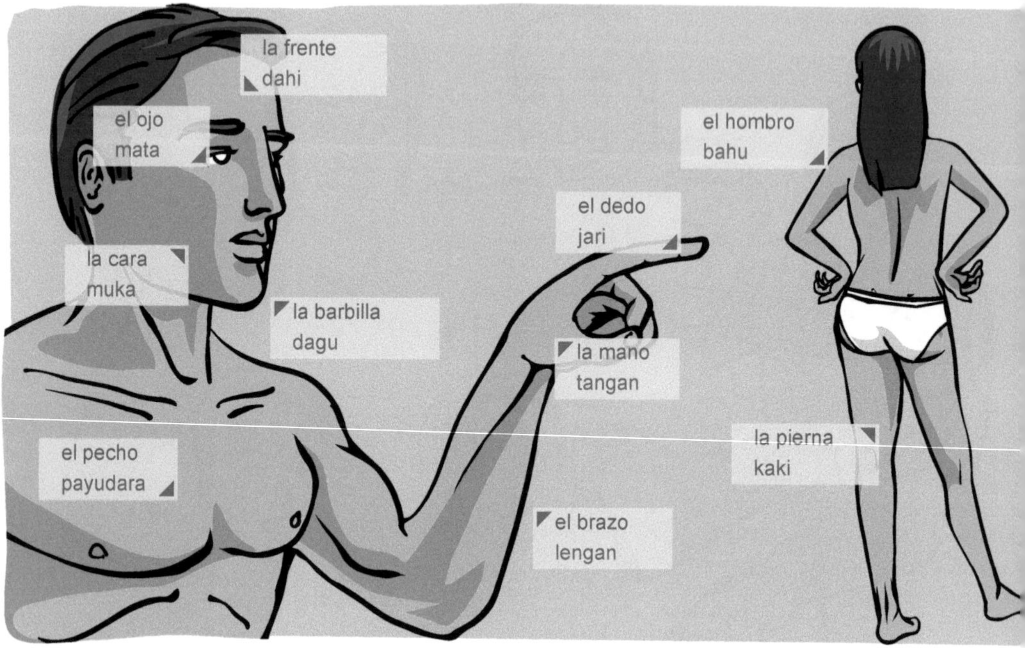

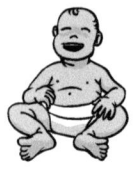

el bebé
bayi

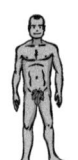

el hombre
pria

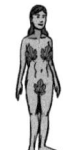

la mujer
wanita

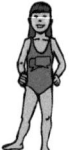

la chica
perempuan

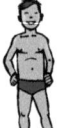

el chico
laki

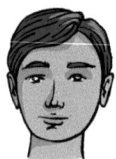

la cabeza
kepala

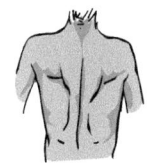

la espalda

punggung

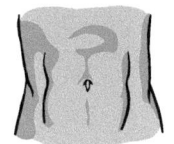

el vientre

perut

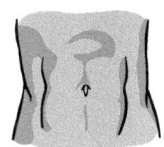

el ombligo

pusar

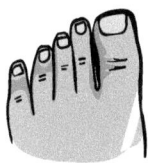

el dedo del pie

toe

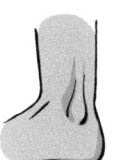

el talón

tumit

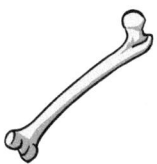

el hueso

tulang

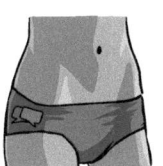

la cadera

pinggang

la rodilla

lutut

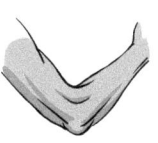

el codo

siku

la nariz

hidung

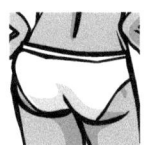

el trasero

pantat

la piel

kulit

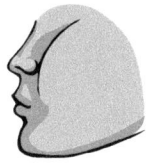

la mejilla

pipi

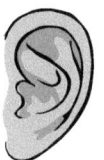

el oído

telinga

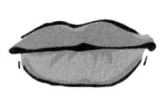

el labio

bibir

la boca

mulut

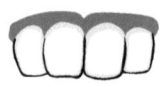

el diente

gigi

la lengua

lidah

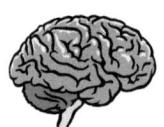

el cerebro

otak

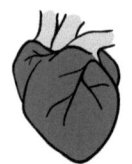

el corazón

jantung

el músculo

otot

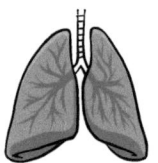

el pulmón

paru-paru

el hígado

hati

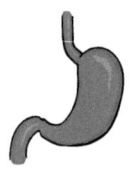

el estómago

stomach

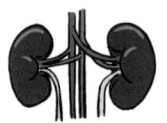

los riñones

ginjal

el sexo

hubungan seks

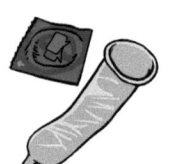

el condón

kondom

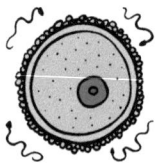

el ovario

sel telur

el semen

sperma

el embarazo

kehamilan

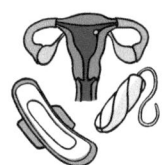

la menstruación
....
menstruasi

la vagina
....
vagina

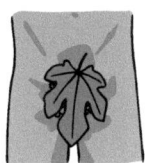

el pene
....
penis

la ceja
....
alis

el pelo
....
rambut

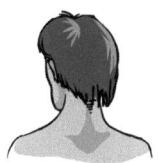

el cuello
....
leher

el hospital
rumah sakit

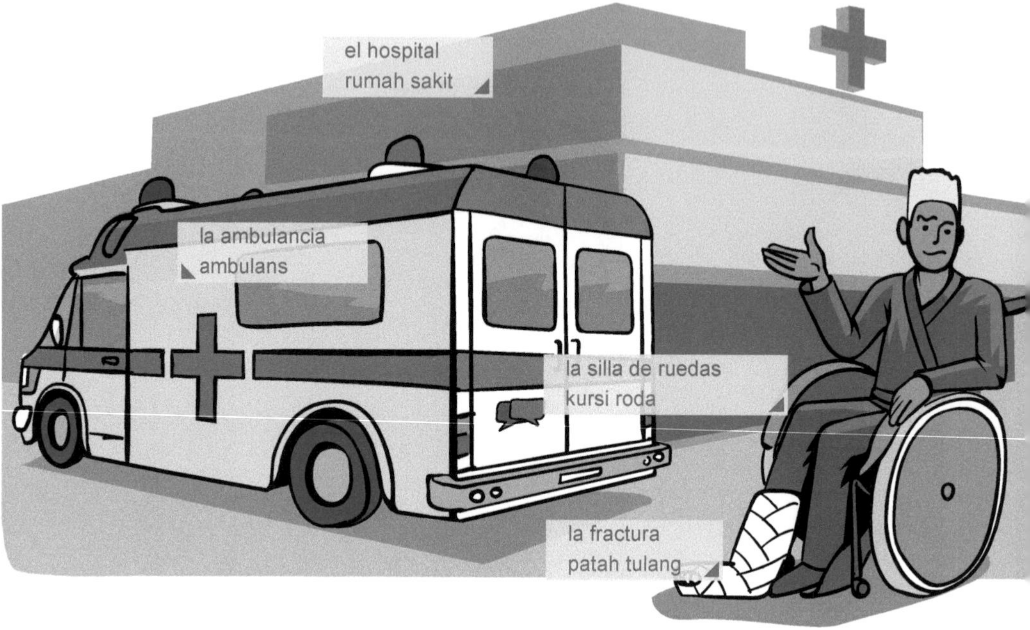

el hospital
rumah sakit
la ambulancia
ambulans
la silla de ruedas
kursi roda
la fractura
patah tulang

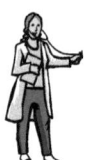

el médico

dokter

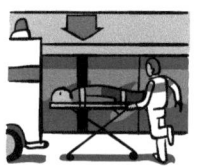

la sala de urgencias

ruang darurat

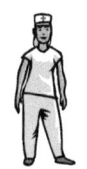

la enfermera

perawat

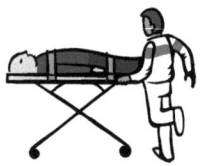

la urgencia

darurat

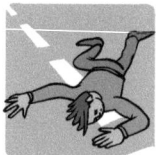

inconsciente

semaput

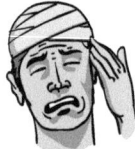

el dolor

sakit

la lesión
cedera

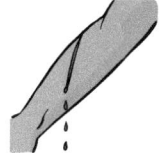

la hemorragia
perdarahan

el infarto
serangan jantung

el ictus
stroke

la alergia
alergi

la tos
batuk

la fiebre
demam

la gripe
flu

la diarrea
diare

el dolor de cabeza
sakit kepala

el cáncer
kanker

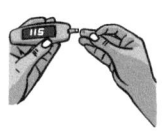

la diabetes
diabetes

el cirujano
ahli bedah

el bisturí
pisau bedah

la operación
operasi

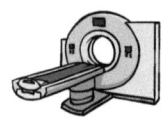

TAC

CT

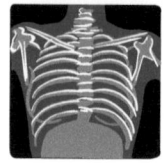

los rayos x

sinar x

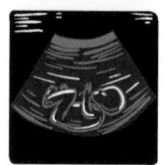

el ultrasonido

usg

la mascarilla

topeng

la enfermedad

penyakit

la sala de espera

ruang tunggu

la muleta

penyokong

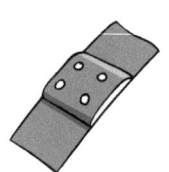

la tirita

plester

la venda

perban

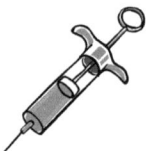

la inyección

injeksi

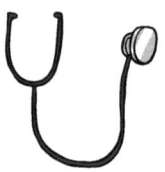

el estetoscopio

stetoskop

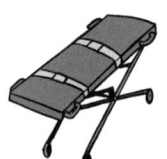

la camilla

usungan

el termómetro

termometer klinis

el nacimiento

kelahiran

el sobrepeso

kelebihan berat badan

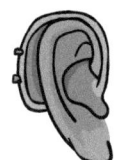

el audífono

alat pendengar

el desinfectante

desinfektan

la infección

infeksi

el virus

virus

VIH / SIDA

HIV / AIDS

la medicina

obat

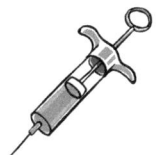

la vacunación

vaksinasi

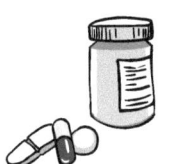

las tabletas

tablet

la pastilla

pil

la llamada de urgencia

panggilan darurat

el tensiómetro

ukur tekanan darah

enfermo / sano

sakit / sehat

¡Socorro!

Tolong!

la alarma

alarm

el asalto

penyerbuan

el ataque

serangan

el peligro

bahaya

la salida de emergencia

pintu darurat

¡Fuego!

Api!

el extintor de incendios

alat pemadam kebakaran

el accidente

kecelakaan

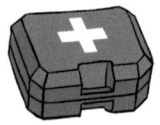

el botiquín de primeros
auxilios

kit pertolongan pertama

SOS

SOS

la policía

polisi

Europa

Eropa

Norteamérica

Amerika Utara

Sudamérica

Amerika Selatan

África

Afrika

Asia

Asia

Australia

Australi

el atlántico

Atlantik

el Pacífico

Pasifik

el Océano Índico

Samudra India

el Océano Antártico

Samudra Antartika

el Océano Ártico

Samudra Arktik

el polo norte

kutub utara

el polo sur

kutub selatan

La Antártida

Antarktika

la tierra

bumi

la tierra

tanah

el mar

laut

la isla

pulau

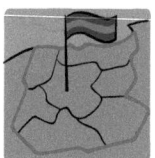

la nación

bangsa

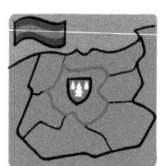

el estado

negara

la esfera

jam wajah

la manecilla de las horas

jarum pendek

el minutero

jarum menit

el segundero

jarum detik

¿Qué hora es?

Jam berapa?

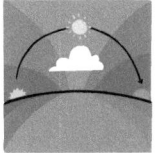

el día

hari

el tiempo

waktu

ahora

sekarang

el reloj digital

jam digital

el minuto

menit

la hora

jam

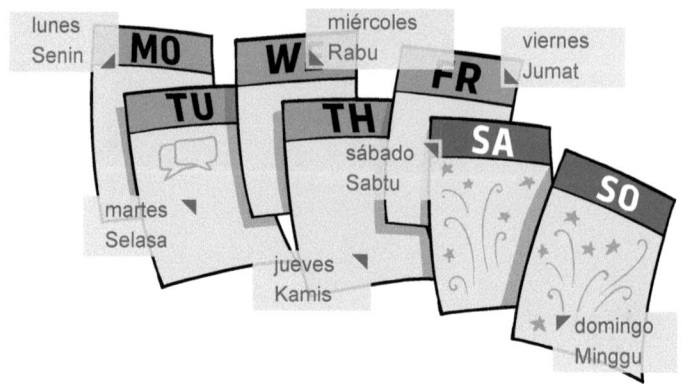

lunes / Senin
miércoles / Rabu
viernes / Jumat
martes / Selasa
sábado / Sabtu
jueves / Kamis
domingo / Minggu

ayer
kemaren

hoy
hari ini

mañana
besok

la mañana
pagi

el mediodía
siang

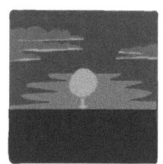

la tarde
malam

MO	TU	WE	TH	FR	SA	SU
1	2	3	4	5	6	7
8	9	10	11	12	13	14
15	16	17	18	19	20	21
22	23	24	25	26	27	28
29	30	31	1	2	3	4

los días laborables
hari kerja

MO	TU	WE	TH	FR	SA	SU
1	2	3	4	5	6	7
8	9	10	11	12	13	14
15	16	17	18	19	20	21
22	23	24	25	26	27	28
29	30	31	1	2	3	4

el fin de semana
akhir minggu

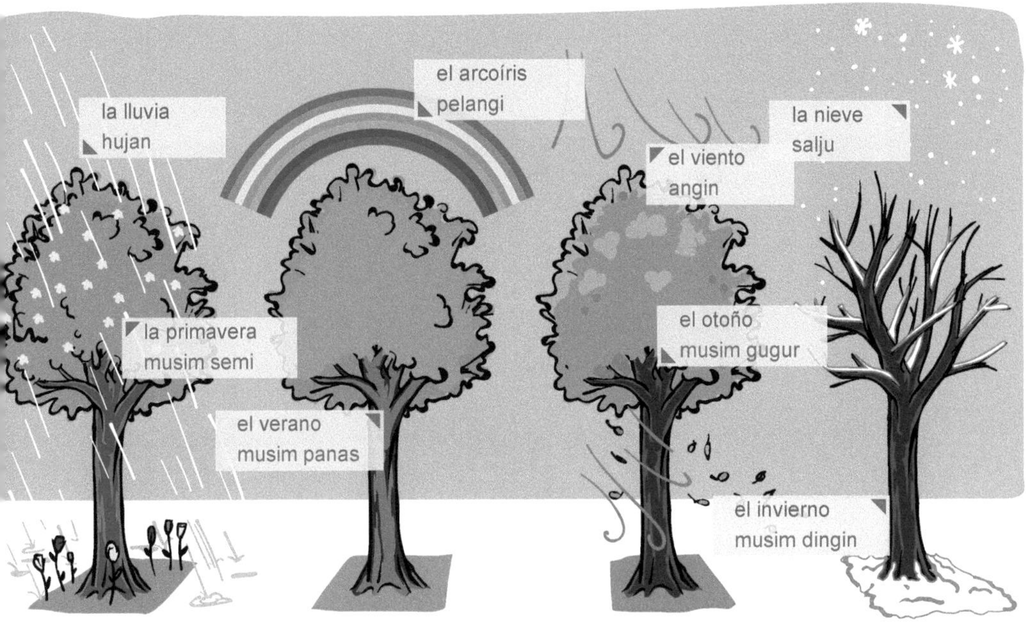

la lluvia
hujan
el arcoíris
pelangi
la nieve
salju
el viento
angin
la primavera
musim semi
el otoño
musim gugur
el verano
musim panas
el invierno
musim dingin

4.APRIL 11°
5.APRIL 4°
6.APRIL 13°
7.APRIL 8°
8.APRIL 10°

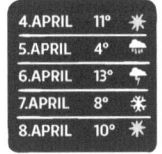

el pronóstico del tiempo

ramalan cuaca

F C
120 90 60 30 0 -30
40 30 20 10 0 -10 -20

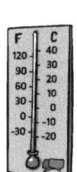

el termómetro

termometer

el sol

matahari

la nube

awan

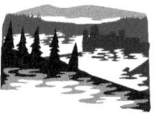

la niebla

kabut

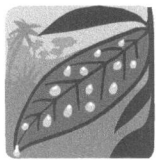

la humedad

kelembahan

el rayo

kilat

el trueno

guntur

la tormenta

badai

el granizo

hujan es

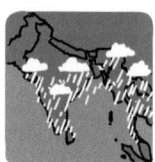

el monzón

monsun

la inundación

banjir

el hielo

es

enero

Januari

febrero

Februari

marzo

Maret

abril

April

mayo

Mei

junio

Juni

julio

Juli

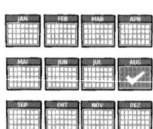

agosto

Agustus

el año - tahun

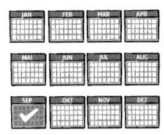

septiembre

September

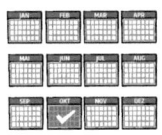

octubre

Oktober

noviembre

November

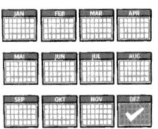

diciembre

Desember

las formas
bentuk

el círculo

lingkaran

el cuadrado

persegi

el rectángulo

persegi panjang

el triángulo

segi tiga

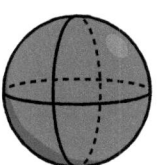

la esfera

bola

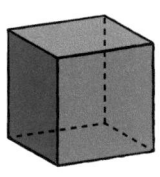

el cubo

kubus

warna-warna

blanco

putih

amarillo

kuning

anaranjado

oranye

rosa

pink

rojo

merah

morado

ungu

azul

biru

verde

hijau

marrón

coklat

gris

abu-abu

negro

hitam

mucho / poco

banyak / sedikit

enojado / tranquilo

marah / tenang

bonito / feo

cantik / jelek

principio / fin

mulaih / selesai

grande / pequeño

besar / kecil

claro / oscuro

terang / gelap

el hermano / la hermana

saudara laki-laki / saudara perempuan

limpio / sucio

bersih / kotor

completo / incompleto

lengkap / tidak lengkap

el día / la noche

hari / malam

muerto / vivo

mati / hidup

ancho / estrecho

luas / sempit

comestible / no comestible

dapat dimakan / tidak dapat
dimakan

malo / amable

jahat / baik

entusiasmado / aburrido

bersemangat / bosan

gordo / delgado

gemuk / kurus

primero / último

pertama / terakhir

el amigo / el enemigo

teman / musuh

lleno / vacío

penuh / kosong

duro / blando

keras / lembut

pesado / ligero

berat / enteng

el hambre / la sed

lapar / haus

enfermo / sano

sakit / sehat

ilegal / legal

ilegal / legal

inteligente / tonto

cerdas / bodoh

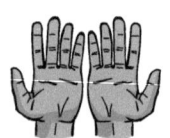

izquierda / derecha

kiri / kanan

cerca / lejos

dekat / jauh

los opuestos - berlawanan

nuevo / usado

baru / bekas

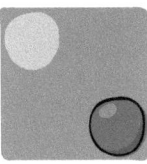

nada / algo

tidak ada apapun / sesuatu

viejo / joven

tua / muda

encendido / apagado

nyala / mati

abierto / cerrado

buka / tutup

silencioso / ruidoso

tenang / keras

rico / pobre

kaya / miskin

correcto / incorrecto

benar / salah

áspero / suave

kasar / halus

triste / contento

sedih / gembira

corto / largo

pendek / panjang

lento / rápido

pelan-pelan / cepat

húmedo / seco

basah / kering

cálido / frío

hangat / sejuk

guerra / paz

perang / damai

0

cero

nol

1

uno

satu

2

dos

dua

3

tres

tiga

4

cuatro

empat

5

cinco

lima

6

seis

enam

7

siete

tujuh

8

ocho

delapan

9

nueve

sembilan

10

diez

sepuluh

11

once

sebelas

12

doce

duabelas

13

trece

tigabelas

14

catorce

empatbelas

15

quince

limabelas

16

dieciséis

enambelas

17

diecisiete

tujuhbelas

18

dieciocho

delapanbelas

19

diecinueve

sembilanbelas

20

veinte

duapuluh

100

cien

seratus

1.000

mil

seribu

1.000.000

el millón

juta

el inglés

Inggris

el inglés americano

bahasa Inggris Amerika

el chino madarín

bahasa Cina Mandarin

el hindi

bahasa Hindi

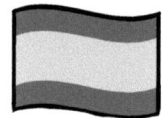

el español

bahasa Spanyol

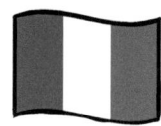

el francés

bahasa Perancis

el árabe

bahasa Arab

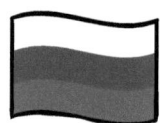

el ruso

bahasa Rusia

el portugués

bahasa Portugis

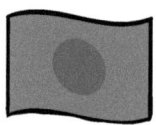

el bengalí

bahasa Bengal

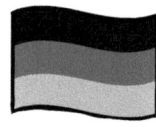

el alemán

bahasa Jerman

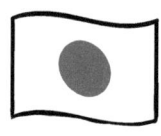

el japonés

bahasa Jepang

yo

saya

tú

kamu

él / ella / ello

dia

nosotros/as

kita

vosotros/as

kalian

ellos/as

mereka

¿quién?

siapa?

¿qué?

apa?

¿cómo?

begaimana?

¿dónde?

dimana?

¿cuándo?

kapan?

el nombre

nama

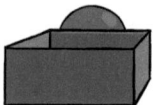

detrás

dibelakang

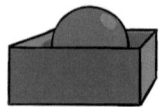

en

di

delante de

didepan

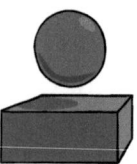

por encima de

diatas

sobre

diatas

debajo de

dibawah

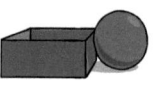

junto a

sebelah

entre

di antara

el lugar

tempat